Le Département

DE L'AVEYRON

aux

CONGRÈS UNIVERSELS DU FROID

(PARIS 1908 et VIENNE (Autriche) 1910)

PAR

Paul LEBROU,

INGÉNIEUR DES ARTS & MANUFACTURES

DÉLÉGUÉ DU CONSEIL GÉNÉRAL

LAPANOUSE-de-CERNON (Aveyron)

MILLAU

IMPRIMERIE ARTIÈRES ET J. MAURY

—

1910

DÉDICACE

L'Industrie du Froid artificiel, dès que les machines à le produire ont été suffisamment perfectionnées pour être pratiques, a pris bien vite une grande extension ; et cependant les résultats en furent très controversés jusqu'à ces dernières années, car, tandis que des frigoristes enthousiastes proclamaient excellentes les matières alimentaires conservées par la réfrigération, les réfractaires à cette nouveauté soutenaient que les produits fermentescibles subissaient de funestes transformations sous l'action prolongée du froid. A côté de leurs adeptes, les procédés frigorifiques avaient donc des ennemis acharnés, dans l'alimentation tout au moins.

Pour mettre les choses au point et rassurer les pessimistes en la matière un groupe de savants, parmi lesquels : MM. les docteurs d'Arsonval et Gautbier, de l'Institut, en France, le Baron Peers, en Belgique, Lynn Toug Sih, en Chine, Bonnesen, en Danemark, Cristobal Botella, en Espagne, Kurimoto, au Japon, Kamerling Onnes, en Hollande, Mattos Araacamp et Quintella de Sampayo, en Portugal, A. von Wendrich, en Russie, de Ryckmann, au Siam, etc., émus d'ailleurs par l'incertitude qui planait sur cette nouvelle industrie — qu'ils considéraient eux-mêmes comme devant être sûrement une source féconde en bienfaits pour l'Humanité, firent appel aux nobles sentiments de confraternité de tous les peuples civilisés, et réunirent, en octobre 1908, à Paris, en un Congrès Universel, 6 à 7.000 techniciens et praticiens du monde entier. Toutes les nations y furent représentées pour soumettre et discuter en commun leurs résultats. Jamais Congrès ne souleva autant d'enthousiasme chez tous les peuples ; c'est bien que la matière qui en faisait l'objet était considérée par tous comme réellement importante.

Chaque Département Français envoya des délégués à cette assemblée pour, en suivre les travaux et y glaner ce qui pouvait être de nature à améliorer le bien-être de sa population.

Le Conseil Général de l'Aveyron, sur la proposition de l'éminent et sympathique Docteur Jacob, vivement appuyée par Monsieur le Préfet et par le Député Monsieur E. Fournol, m'honora de cette mission pour notre Département. Qu'il plaise à tous ses membres d'agréer ici mes bien sincères remerciements et d'accepter, comme hommage de ma vive gratitude, cet opuscule, où j'ai reproduit, in-extenso, mon intervention au Congrès, pour y répondre à une insinuation malveillante contre le fromage de Roquefort.

Poursuivant ma mission de délégué, j'ai adressé au 2ᵉ Congrès Universel, qui va se tenir à Vienne (Autriche) en octobre prochain, un rapport sur l'état actuel de l'industrie frigorique en Aveyron.

Dans ce rapport (où il n'est question que du Roquefort, parce que les autres applications du froid artificiel en Aveyron n'ont rien de particulièrement intéressant à signaler), je m'efforce de montrer que les Industriels de Roquefort ne sont pas, comme le disent quelques exotiques fabricants de grossières et mauvaises imitations de notre grand fromage aveyronnais, des routiniers laissant déchoir leur industrie, mais bien au contraire des hommes avisés, détenant hautement le record de la lumière et du progrès dans les applications du froid à l'industrie fromagère.

Le Comité technique du Congrès, intéressé par mon étude, a décidé de la publier en entier dans le compte-rendu qui paraîtra en octobre. Tous les rapports qui lui sont présentés n'obtiennent pas cette faveur. Je suis très heureux d'être des favorisés ; mon travail (reproduit ici-même) aura ainsi une plus grande publicité et, ne passant pas inaperçu au Congrès, aura plus de chance de devenir quelque peu œuvre utile pour notre industrie essentiellement aveyronnaise.

PREMIER CONGRÈS UNIVERSEL DU FROID

PARIS, *Octobre 1908*

SECTION III

Application du Froid à l'Alimentation

Dans un long rapport, l'Ingénieur Italien Bazzi, après une étude sur le froid artificiel et ses applications à la laiterie, essaye de jeter quelque discrédit sur le Roquefort, au profit du fromage italien de Gorgouzola. « *C'est à la France, dit M. Bazzi, que revient l'honneur d'avoir fait la première application du froid pour la conservation des fromages de Roquefort et de Brie, mais on y travaille sous la puissance de l'empirisme . . . . Nulle part comme en Italie, la question n'a été étudiée à fond par des industriels audacieux qui en ont obtenu des résultats superbes, spécialement dans la production du fromage de Gorgouzola.* »

M. LE PRÉSIDENT. — La parole est à M. Lebrou.

M. LEBROU. — « Il est intéressant d'attirer l'attention du Congrès sur le mode de réfrigération à adopter dans chaque cas particulier, suivant la nature du produit à conserver.

« Il ne faudrait pas laisser ce soin uniquement à la section ii (1) ; il m'est avis que c'est la section iii qui doit préciser à la section ii les conditions à remplir par le frigorifère que celle-ci aura à fournir. Pour établir ces conditions, la question du rendement thermodynamique devra être plutôt secondaire ; c'est la bonne conservation qui sera le principal objectif.

« En effet, la valeur d'un produit fermentescible, quelle que soit la plus-value que lui donne sa conservation en chambre réfrigérée, n'en subit pas moins, fatalement, une certaine dépréciation résultant de son refroidissement même. Cette diminution des grands avantages du froid, qui grève d'autant les frais de fonctionnement des appareils, y résulte de deux phénomènes :

« 1° De la perte de poids de la marchandise par évaporation due, d'une part, à la différence du degré hygrométrique de l'air réfrigérant entre son départ et son retour au frigorifère quel qu'il soit, et d'autre part, à la tendance constante de l'air à se saturer d'humidité en présence d'un corps humide plus chaud que lui.

« 2° Des modifications qu'apportent dans le produit les fermentations, bonnes ou mauvaises, dont l'activité n'est qu'atténuée par le froid.

« Ces fermentations — et il y en a toujours, pour aussi faibles qu'elles soient — ne se font pas sans un dégagement de chaleur qui aide encore à provoquer la sortie, par vaporisation, de l'eau de constitution du produit réfrigéré. D'où nouvelle perte de poids qui s'ajoute à la précédente.

« D'ailleurs, l'air ambiant a de plus une influence directe sur l'intensité et la nature des fermentations, par sa température et par son degré de pureté ; aussi, faut-il

______

(1) La section ii s'occupait du matériel frigorifique.

donner aux produits frigorifiés un air sain et respirable en même temps que froid.

« Il importe donc, pour ces divers motifs, de choisir un frigorifère qui provoque physiquement le minimum d'évaporation, car le poids perdu ne se vend pas, et qui purifie constamment l'air des gaz délétères et des ferments qu'il enlève des chambres.

« Ces quelques considérations pourraient prendre place à la suite du vœu de M. Bazzi.

« Et puisque je cite le nom de M. Bazzi, je saisis cette occasion pour le rassurer sur la mauvaise opinion qu'il a de nos connaissances en matière frigorifique.

« M. Bazzi a dit avant de formuler son vœu : « *Que les fromages de Roquefort y étaient bien conservés par le froid, mais que la réfrigération y était appliquée sans la moindre donnée scientifique, laissant toute chose aller au petit bonheur* ».

« Je me permets ici de faire observer que M. Bazzi ne paraît avoir aucune idée de l'industrie française du fromage de Roquefort ; et je ne crains nullement d'être taxé d'exagération en affirmant hautement, au premier Congrès du froid, que, si cette industrie est, comme toute autre, susceptible de progresser encore, nulle autre au monde ne réfrigère actuellement ses produits avec de plus sérieuses bases scientifiques.

« Lors des premiers essais, en 1888, sur la réfrigération à Roquefort, dûs au regretté Coupiac, qui peut être appelé le « Père de l'Industrie du Roquefort » au même titre que Ch. Tellier vient de l'être le « Père du froid artificiel », il y eut des mécomptes qui provenaient surtout du frigorifère, parce qu'on n'y tenait pas compte de l'humidification ni de la purification de l'air. A cette époque-là, le froid artificiel était très rare, et on marchait à tâtons.

« En 1890, Coupiac m'appela pour le seconder dans ses recherches, et l'analyse révéla bientôt, sur le fromage réfrigéré, deux défauts inhérents à la chambre froide : la dessication du fromage, et l'oxydation de la matière grasse donnant un goût suiffeux à la pâte.

« Pour pallier à ces deux inconvénients, nous enveloppâmes le fromage d'une feuille d'étain imperméable et adhérente, et la conservation devint parfaite. Par ce procédé, appliqué encore aujourd'hui, on sort des frigorifiques, après 8 à 10 mois de sommeil, à basse température, des fromages excellents.

Aussi, n'est-il pas téméraire de dire actuellement que l'Industriel de Roquefort qui dispose d'un appareil frigorifique, livre toute l'année, à la consommation mondiale, des fromages d'une régularité absolue, à l'abri de toute critique désintéressée. »

L'Aveyron
AU CONGRÈS UNIVERSEL DE VIENNE

Octobre 1910.

L'Industrie du Froid en Aveyron

L'apparition du Froid artificiel, en Aveyron, date presque de la construction des premières machines frigorifiques industrielles pratiques, de 1886.

Cependant son emploi ne s'y est pas généralisé ; à part la brasserie Touren, à Millau, qui possède, depuis 1890 et 1894, deux machines à affinité de 10.000 frigories l'une, on ne s'en sert encore aujourd'hui qu'à Roquefort pour la conservation des fromages renommés, dont la célébrité, vieille de plus de vingt siècles, fut déjà proclamée par Pline l'Ancien qui, dans son *Histoire Naturelle*, en fait le « Fromage le mieux estimé à Rome ».

L'étude de l'Industrie du froid dans ce département va donc se limiter à celle de ses rapports avec le Roquefort.

Le froid artificiel appliqué aux fromages peut être utilisé soit pour refroidir leur matière première : le lait, en vue de son transport ; soit pour régulariser leur maturation ; soit encore pour les conserver.

C'est seulement pour la conservation qu'il est employé à Roquefort, parce que le lait est traité sur les lieux de production, et parce que la nature assure très amplement à elle seule, dans les Caves d'affinage, toutes les conditions de fraîcheur et d'humidité nécessaires pour l'obtention d'un bon fromage.

Toutefois, pour bien saisir l'utilité de la fabrication du Froid dans le seul cas qui va faire l'objet de cette communication, il me semble à propos de dire brièvement en quoi consiste la préparation des fromages de Roquefort.

Fabrication du Fromage de Roquefort

Le fromage de Roquefort est un fromage de pâte grasse et non pressée, (tandis que certains auteurs mal renseignés en font un fromage de pâte sèche et pressée), obtenu au moyen de lait *entier* de brebis (1), fermenté à basse température (à $+7°$ C. environ), dans les caves de Roquefort d'où il tire son nom, et que caractérisent une saveur et un bouquet d'une vivacité et d'une délicatesse remarquables. Les caractéristiques de ce produit sont des plus agréables : aussi, de longue date, est-il bien accueilli dans toutes les contrées du globe terrestre. Il est, en effet, connu et consommé chez tous les peuples, et partout on se plaît à le dénommer : *Le Roi des Fromages*, titre glorieux que jamais fin gourmet ne lui a contesté, malgré les protestations insidieuses de quelques fabricants de produits grossièrement similaires et de qualité notablement inférieure.

Vers la fin du xviie siècle, on fabriquait annuellement 250.000 kilos de Roquefort ; en 1866, la production atteignait 3.000.000 de kilos, et en 1908, elle était de 9.000.000 de kilos, consommés dans le monde entier, représentant pour le village de Roquefort, dont la population est à peine de 900 habitants, un mouvement commercial de 30.000.000 de francs !

Les 9.000.000 de kilos de fromage sont obtenus de 38.000.000 de litres de lait fournis par 450.000 brebis

---

(1) Le lait de brebis, dans la région de Roquefort, a pour dosages extrêmes (minima et maxima) résultant d'un millier d'analyses effectuées de 1890 à 1910 :

Caséine totale	50 à 80. ⁰/₀₀
Matière grasse	65 à 115
Lactose	40 à 50
Sels minéraux	8 à 12
Eau	760 à 830

laitières, en 7 mois de l'année, de décembre à juillet.

Ce n'est pas dans le petit village de Roquefort qu'on fabrique une telle quantité de fromage ; c'est aux environs, sur un rayon de 70 à 80 kilomètres, dans 400 fromageries construites dans la campagne, sur les lieux mêmes de production du lait. A Roquefort, le fromage y est seulement affiné et conservé.

Troupeau de brebis (race du Larzac) au sortir de la bergerie.

Sur une distance maxima de 2 à 3 kilom. à la ronde, chacune de ces fromageries est approvisionnée de lait qui y est porté, tous les matins, de très bonne heure, par les fournisseurs. Dès l'arrivée, le lait est mesuré, puis soigneusement filtré et chauffé à la température voulue pour l'emprésurage, fait de façon à ce qu'il soit caillé en une heure et demie. Le coagulum formé est broyé et mis en le saupoudrant de spores de *Penicillium glaucum* (appelé *pain moisi* en terme de métier), dans des moules cylindriques de tôle étamée mesurant 95 millimètres de hauteur et un diamètre double ; avec ces dimensions, le fromage obtenu,

qùand il sera mûr pour la consommation, devra peser
2 kilog. 200 à 2 kilog. 400.

*Représentations graphiques du Lait fourni par
un troupeau de 110 brebis, et du Fromage obtenu de ce lait.*

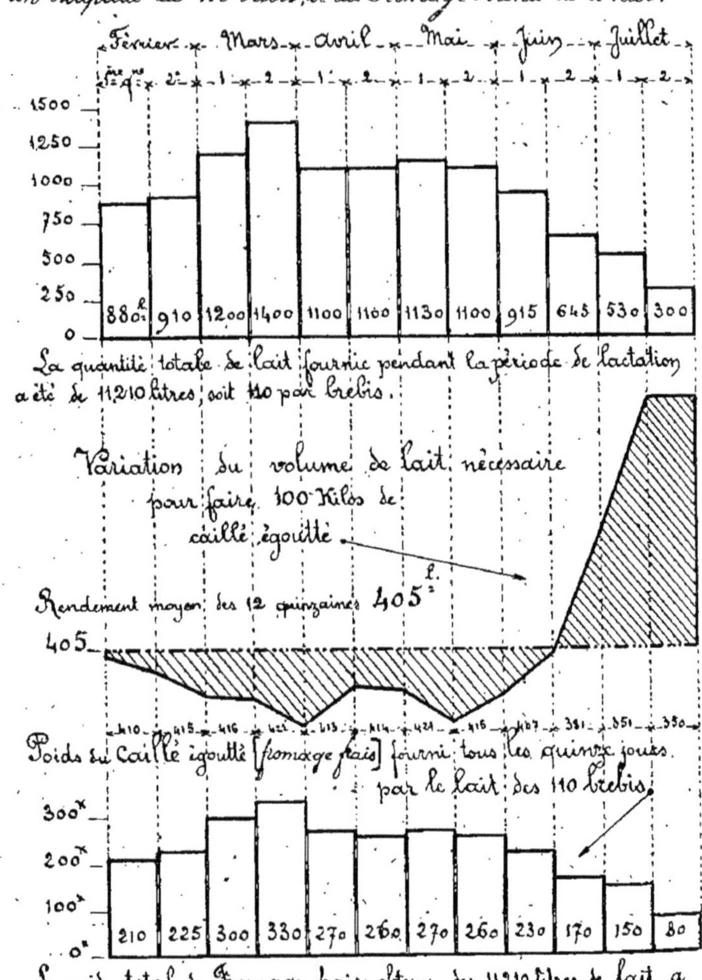

La quantité totale de lait fournie pendant la période de lactation
a été de 11.210 litres, soit 110 par brebis.

Le poids total de Fromage frais obtenu des 11.210 litres de lait a
été de 2.787 Ks., soit 25k,33 par brebis.

Lebrou.

Le coagulum est laissé en moules, où il durcit lentement en exsudant le petit-lait qu'il renferme dès sa formation, jusqu'à ce qu'il ait acquis la consistance voulue pour être soumis à l'affinage, ce qui demande 6 à 8 jours ; il est alors démoulé et porté à Roquefort, sous forme de fromage, où le premier traitement qu'il subira sera le salage.

Réception du fromage frais à l'arrivée aux Caves de Roquefort
(Instantané pris pendant que le fromage, lancé de la charrette, décrit sa trajectoire).

Préparation des fromages à l'entrée aux Caves de Roquefort.

A leur arrivée à Roquefort, les fromages sont donc tout d'abord salés. A cet effet, ils sont vigoureusement frottés, sur toute leur surface, avec du sel fin qui y adhère ; et puis, par piles de quatre, posés à plat sur le sol, froid naturellement à 8° ou 10° C., de la salle spécialement affectée à cette opération, appelée pour cela « saloir » contiguë à la cave d'affinage.

On les y laisse 5 à 6 jours à l'influence du sel. Au bout de ce temps, le salage est terminé ; le sel a pénétré dans la pâte par voie d'osmose en déplaçant du petit-lait qu'elle contenait encore, et comme on en avait mis plus qu'il n'en fallait, il en reste à l'épiderme devenu gluant, qu'on nettoie à la main avec un linge sec.

Saloir. (Le salage des fromages).

Ce nettoyage, dans les grandes installations, est plus rapidement fait à l'aide d'une machine munie de brosses

verticales entre lesquelles passent les fromages à raison de
20 par minute.

Brossage et perçage du fromage

(Le fromage, mis de champ en 1, passe entre 2 brosses verticales, et de là tombe dans
l'auget 2 où il est percé).

Le fromage propre et sec est percé de part en part, sur
les plats, au moyen d'une batterie de 30 à 40 pointes y
ouvrant autant de canaux de 3 millimètres de diamètre, par
lesquels se fait une aération interne de la pâte, favorisant
le développement du bleu qui, dans la maturation, joue un
rôle physiologique important contribuant pour beaucoup au
goût *sui generis* du Roquefort.

Après cette série d'opérations, le fromage est soumis à
l'affinage dans les Caves de Roquefort situées en plein
éboulement calcaire.

Formation géologique de Roquefort

C'est à un phénomène géologique extrêmement curieux
et intéressant qu'est due la formation de ces Caves qui ont
valu au village de Roquefort une si grande célébrité.

Sur le revers du grand plateau du Larzac, s'avance de

l'Est à l'Ouest la montagne du *Combalou* longue de 2 kilomètres avec une largeur moyenne de 800 mètres. La hauteur
n'en est pas bien grande, mais du côté du Nord elle offre
une disposition toute remarquable. C'est, de ce côté, un
escarpement abrupt, hérissé de rochers à pic, dont la hauteur est de plus de 100 mètres. La formation de cet escarpement est d'ailleurs peu ancienne.

Reposant jadis au sommet du plateau, ces rochers ont
glissé sur une assise argileuse, et sont venus, dans leur
chute, s'enchevêtrer comme dans un véritable chaos, laissant
subsister entre eux des galeries souterraines, des grottes
au fond desquelles se sont formés de petits lacs, et à travers lesquelles s'établissent des courants d'air d'une grande
intensité, dont la vitesse atteint fréquemment 5 mètres à
la seconde.

Ces courants d'air, en se saturant d'humidité au contact
de l'eau de ces lacs, déterminent une évaporation rapide,
suffisante pour maintenir les grottes à une température voi-
sine de 4° à 5° C. C'est de ces grottes que vient par les
galeries, l'air rafraîchissant et humidifiant à la fois ces
bâtiments — car ce sont de véritables bâtiments ayant jusqu'à 6 étages en sous-sol — que l'on appelle les *Caves de
Roquefort*.

Affinage dans les Caves

Le fromage, salé, nettoyé et percé, est maintenant
descendu dans ces caves fraîches, où il est placé de champ
sur des étagères en bois ; c'est là qu'il va s'affiner lentement à une température supérieure de 1° à 2° C. à celle
des galeries d'aération.

Au bout de 8 à 10 jours de séjour en cave, on voit
déjà apparaître par îlots, à la surface du fromage, des
touffes veloutées blanches, bleuissant peu à peu ; elles sont
produites par la végétation de cryptogames, microbes
comburants, où domine le *Penicillium glaucum*. Ce développement blanc et bleu dure tant que la pâte du fromage
est acide ; mais, dès que, par suite des phénomèmes de

combustion dûs à ce développement des champignons, la
pâte a perdu son acidité originelle, c'est la couleur rouge,
engendrée par les ferments alcalinisants, qui tend, quoique
difficilement, à envahir la surface à travers les mucédinées.

A ce moment, c'est-à-dire après 15 à 20 jours de mise
en cave, on doit procéder au *revirage* ou raclage au
couteau de la surface du fromage, pour enlever le mycelium

Cabanière revirant le fromage.

des champignons, qui forme un enrobage étanche, empêchant l'accès de l'air extérieur à l'épiderme et gênant le développement du rouge.

Par ce premier revirage, on enlève 1,5 à 2 % du poids du fromage, et l'épiderme reste ensuite avec une belle couleur blanc crême. On dit que le fromage a pris sa *première reviraison.*

Le fromage n'étant plus acide, l'affinage entre dans une nouvelle phase, et l'épiderme se couvre d'une couche glaireuse de teinte rougeâtre. Ce sont, maintenant, les bactéries alcalinisantes à peu près seules qui travaillent, bactéries pour la plupart spéciales au fromage, que E. Duclaux a appelés *tbyrotrix.*

Au bout de 12 à 15 jours la couche glaireuse ayant envahi toute la surface, il faut procéder à une nouvelle toilette du fromage par un second revirage, qui lui enlève encore 1 à 1,5 % de son poids.

Le fromage devra d'ailleurs subir une semblable reviraison tous les 12 à 15 jours pour la même raison qu'il a subi la deuxième, et cela aussi longtemps qu'il restera en cave d'affinage, c'est-à-dire jusqu'au moment de la vente.

De la nécessité du froid artificiel à Roquefort

Après la première reviraison, le fromage est déjà mangeable pour les amateurs de fromage très doux ; mais, ce n'est réellement qu'après la 2ᵉ ou même la 3ᵉ qu'il est réellement mûr. C'est d'ailleurs le goût du consommateur qu'il convient de consulter pour savoir à quel moment on doit le lui livrer, chaque nouveau revirage marquant une nouvelle étape de la maturation, après laquelle on retrouve la saveur et l'odeur plus accentuées.

Par conséquent, en cave d'affinage, la maturation avance toujours de même que le déchet augmente.

Mais si, à un moment quelconque de la maturation, on met les fromages dans une salle plus froide que la cave d'affinage, on en ralentira les fermentations, et même avec un froid suffisamment vif, on pourra *fixer la maturation* au point préféré par la clientèle, en même temps qu'on *supprimera le déchet* occasionné par chaque reviraison.

C'est dans ce double but qu'on fabrique du Froid à Roquefort ; et ce froid artificiel, simplement utile au début de son application, y est devenu aujourd'hui une nécessité par suite de l'augmentation considérable de la production fromagère qui en est résultée.

Le Froid artificiel à Roquefort

L'innovation du froid artificiel à Roquefort est due à Etienne Coupiac, homme doué d'une grande intelligence et d'une puissante conception, qui vit dans la fabrication du froid un moyen sûr et commode d'augmenter la stabilité et l'importance du commerce de Roquefort.

En 1886, Coupiac fit installer, pour les premiers essais, une machine frigorifique à affinité de 8.000 frigories refroidissant à 0° C une salle de 25 mètres carrés de sol dans laquelle on disposait de champ sur des étagères en bois, comme en cave, les fromages à conserver. Dans cet appartement, le froid était obtenu par écoulement du bain incongelable le long de grilles métalliques disposées à l'intérieur, contre les parois verticales.

Cet essai de conservation, renouvelé plusieurs années consécutives, donna d'assez bons résultats quant aux fromages soumis aux expériences. Mais le mode de refroidissement de la chambre était défectueux ; il exigeait une surveillance constante, le liquide réfrigérant ne s'écoulant jamais régulièrement, et la répartition du froid y était mauvaise.

En 1891, il fut décidé de faire en grand la conservation, en changeant toutefois le mode de refroidissement des chambres frigorifiques. On opta pour un appareil complet à disques rotatifs du système Linde, pouvant produire au bain incongelable 30.000 frigories capables de refroidir 4 salles d'une surface totale de 600 mètres carrés. Un ventilateur aspirait l'air des salles pour l'y renvoyer en lui faisant traverser le frigorifère où sa température s'abaissait de quelques degrés.

Ici les résultats furent tout à l'encontre de ceux de la première installation d'essai : la partie mécanique fonctionna parfaitement, mais les fromages soumis à la conservation y prirent mal.

Anomalies dûes à la Réfrigération et leur remède préventif.

Dans cette nouvelle installation, dont l'aménagement me fut confié, la réfrigération ayant eu lieu par le système à circulation d'air froid pour lequel les chambres étaient le point chaud du circuit, il y avait eu une évaporation abondante, de sorte que les fromages s'étaient desséchés. Le déchet constaté à la bascule était monté à 20 % en 3 mois. Les fromages avaient même pris une mauvaise odeur, et un goût suiffeux très prononcé.

La facilité de pénétration de l'air dans la pâte avait naturellement augmenté par suite de l'évaporation, si bien que c'était dans toute la masse, et non pas seulement à la surface, qu'on relevait du mauvais goût.

L'analyse des produits les plus avariés confirma la perte de poids de 20 % accusée par la bascule, et me permit de trouver la cause du mauvais goût.

Il y avait eu un phénomène d'oxydation intense caractérisé par la présence d'acide formique (c'est cette oxydation qui avait donné le goût suiffeux à la pâte), tandis que la saponification était très peu avancée. Au contraire, pour un fromage mûr et qui a simplement séjourné en cave d'affinage, l'oxydation n'est pas appréciable et on n'y trouve pas d'acide formique, alors que la saponification y a constamment marché sous l'influence des microbes comburants.

De cette étude, nous conclûmes qu'en présence d'un air très froid, les fromages s'étaient desséchés et l'action des microbes comburants étant paralysée l'oxydation avait marché, tandis qu'il n'y avait pas eu, ou presque pas, de saponification, le tout à l'inverse de ce qui se produit en cave d'affinage.

Il fallait donc, en refroidissant les fromages, les préserver du contact de l'air pour éviter l'évaporation, et l'action de l'oxygène à basse température.

Pour cela, les fromages furent recouverts individuellement d'isolants, et, après essais de plusieurs genres d'enveloppes, nous nous arrêtâmes à la feuille mince d'étain qui a l'avantage d'être à la fois imperméable, adhérente et réutilisable soit pour un autre pliage, soit sous forme de déchets pour fabriquer une nouvelle feuille. Ce mode d'isolation encore en usage aujourd'hui, permet de sortir des frigos, après un long sommeil de 8 à 10 mois, et quelquefois même davantage, au voisinage de 0° C, des fromages exquis, n'ayant perdu aucune de leurs qualités à cette basse température. Aussi peut-on dire aujourd'hui que, grâce aux bons effets de l'enveloppe, secondés d'ailleurs par un *choix judicieux des fromages à conserver*, le succès de la réfrigération du Roquefort est rigoureusement assuré.

Modification physique de la Contexture du Fromage soumis à un froid intense

La maturation du fromage en cave d'affinage est le résultat de deux natures de fermentations :

1° De fermentations *anaérobies* ou fermentations intérieures, se produisant à l'abri de l'air ;

2° De fermentations *aérobies* ou fermentations extérieures ayant besoin d'air pour se poursuivre ; celles-ci ajoutant leur effet à celui de l'évaporation, amènent la formation de la *croûte* à la surface du fromage.

Par le froid intense, sous l'enveloppe d'étain, les premières sont ralenties, tandis que les secondes manquant d'air sont complètement enrayées.

Il en résulte que si, au moment du pliage pour la conservation, la croûte est déjà formée sur le fromage, elle ne peut y augmenter ; et bien plus, elle y est détruite.

La *croûte*, en effet, tend à disparaître par voie de transformation, parce que, malgré un abaissement de température au voisinage de 0° C, les fermentations anaérobies qui se produisent encore, déterminent des réactions qu'accompagne un dégagement de chaleur, et partant une élévation de température à l'intérieur. Cet accroissement de température a pour conséquence la vaporisation d'eau et de principes volatils contenus dans le fromage. D'autre part, la température de l'air de la salle étant le plus souvent inférieure, notamment pendant le fonctionnement des appareils frigorifiques, à celle de l'intérieur du fromage, et la feuille d'étain s'opposant à la sortie des produits vaporisés, cette enveloppe va faire office de paroi condensante. Contre, et à l'intérieur de la feuille, on va donc retrouver du liquide qui, ne pouvant s'écouler au dehors, ramollit la croûte et tend à la rendre de même texture et de même composition que le noyau en l'imprégnant de principes qu'elle avait perdus à l'affinage.

Ajoutons à cela la privation complète de lumière, et après quelques mois de froid vif nous retrouverons le fromage absolument blanc, tendre jusqu'à son épiderme, et beaucoup plus homogène qu'à l'affinage, quoiqu'il ait été plié avec une croûte dure, de couleur terne, et généralement immangeable.

La conservation tend donc à homogénéiser la pâte du fromage, et c'est bien là encore un nouvel avantage à son actif, que de laisser un produit absolument comestible du centre à la périphérie.

Autres avantages dûs à la Réfrigération.

A ceux que nous venons d'étudier, il convient d'en ajouter deux autres qui ne sont pas moins importants.

L'emmagasinage en frigo permet de mettre les fromages à mûrir plus à l'aise, dans les caves, et de leur assurer ainsi de meilleures conditions sanitaires en laissant à chacun une plus grande quantité d'air ; c'est là un avantage considérable pour la régularité des fermentations, que d'éviter l'encombrement à l'affinage.

Cette réserve, à l'abri des fluctuations hygiéniques, permet encore, et ce n'est pas là le moindre bienfait du froid, de régler l'écoulement de la marchandise sur la demande, tandis que sans frigo, c'est la production qui règle la vente..... et le plus souvent les bénéfices !

Les installations frigorifiques à Roquefort

A l'heure actuelle, il en existe neuf, toutes se servant de l'ammoniaque anhydre comme engin frigorifique ; huit ont leurs compresseurs du système Linde, sans surchauffe ; la neuvième les a du système Fixary à surchauffe.

Les deux compresseurs d'ammoniac d'une installation frigorifique.

Dans ces différentes installations, rien n'a été négligé pour assurer un fonctionnement régulier ; aussi disposent-elles toutes de deux compresseurs, dont chacun est capable de fournir le nombre total de frigories nécessaires au refroidissement complet de leurs chambres ; un simple déplacement de la courroie motrice permet, à volonté, de se servir de l'un ou de l'autre compresseur.

Pour la réfrigération des locaux de conservation, le seul mode adopté, au moins encore, est celui à circulation d'air refroidi par contact direct avec le bain incongelable.

Ces caves réfrigérées, quoique de grande capacité, étant placées dans l'intérieur des caves d'affinage, dont la température n'est jamais supérieure à $+ 8°$ C., sont très aisément maintenues au voisinage de $0°$ C, par des machines de production relativement minime ; ainsi, avec 5 à 6 heures de fonctionnement par 24 heures, au moment des plus fortes chaleurs, en été, un appareil produisant 20.000 frigories au bain salé à $— 5°$ C., refroidit parfaitement 1.500 mètres cubes de chambres, (isolées par un simple revêtement de 0^m12 de liège aggloméré sur cloison de 0^m15 en briques creuses de terre cuite, ou par un mince matelas de charcoal retenu entre deux cloisons), renfermant 200.000 fromages d'un poids total approximatif de 500.000 kilos.

A Roquefort, le volume des salles de conservation y est à ce jour suffisant pour emmagasiner toute la production fromagère d'une année ; cela seul suffirait à préserver son commerce d'une débâcle.

P. LEBROU.

Lapanouse-de-Cernon, 15 août 1910.

www.ingramcontent.com/pod-product-compliance
Ingram Content Group UK Ltd.
Pitfield, Milton Keynes, MK11 3LW, UK
UKHW021708090726
13657UKWH00005B/2107